Anishinaabemowin (Ojibwe)/English edition

Nibi Emosaawdang
The Water Walker

Gaa-zhi-biiyaang
miiniwaa gaa-mzinbiiyaang
written and illustrated by
Joanne Robertson

Gaa-aankinootimaagejig
translated by
Shirley Williams
Isadore Toulouse

Second Story Press

Nokomis gii-zaagtoon Nibi,

Nokomis loved Nibi,

miiniwaa Nibi gii-zaagaan Ookimisan.

and Nibi loved Nokomis.

Gimiwan

Rain

maage gizhii-waaskode,

or shine,

Gzhide

hot

maage ksinaa,

or cold,

bzaante

calm

maage bgoji'ii.

or wild.

Every morning, like the women in her family before her, Nokomis hopped out of bed, and before doing anything else, she sang. "Gichi miigwech, Nibi, for the life you give to every living thing on Earth. I love you. I respect you."

But one day a wise ogimaa told her, "In my lifetime, the day will come when an ounce of water costs more than an ounce of gold. What are you going to do about it?"

Ensa ke-zheb, naasaab go aw kwe gaa-bi
zhi-ngodewe'aangizwaad jibwaa e-yaad,
Nokomis gii-zaagijigwaashini nbaaganing,
miiniwaa jibwaa gegoo zhidchiged gii-ngamo.
"Gchi-miigwechi'aa Nibiin, aw nji
bimaadiziwin gii-miizhiiyang kina gegoo
bemaadiziimgak maanpii akiing.
Gzaagin kitchi-piitenmin."

Boo'ooj dash go ngoding giizhigak
nebwaakaad Ogimaa gii-wiindimaagon,
"Genii eko bimaadiziyaanh, ngoding
giizhigad dabiyaamigad
Aw pii aabta-dbaabiishkojigan nibi da naangde
ooshime go aw zhoonyaa-waabig.
Wegnesh waa-doodimon maanda nji?"

Naasaab go mitgio-aab,
doo-kidiwenan gii-bgoneshkaagon
Nokomis ode'ing.

Like an arrow, his words pierced
Nokomis's heart.

Gii-naabi kina gaa-taaying.
Gii-waabmaan aanii bemaadizinjin
Gchi-piitenzigwaa
Nibi, baapinadimoowaad iwi,
nchi-naajtoowaad aw sa
wii-ni nishisnog ji-bimaadizing.

She looked around.
She saw how people
were disrespecting
the water, wasting it,
making it unfit for life.

Giizhig gii-ni-aawon ni-dibikag,
Dbikidoon gii-ni-aawanoon
waa-ni-miisegin,
Miiniwaa Nokomis gii-mjimendan
Niw sa Ogimaa doo-kidiwenan.

Aanind dibik-giizook
gii-mibizowag,
Mii-dash ngoding naakshig,
Nokomis gii-bawaajige.

Day turned to night,
nights turned to weeks,
and Nokomis remembered
the ogimaa's words.

A few moons went by,
and then one night,
Nokomis had a bawaajgan.

Kizheb e-ni-waabang,
Nokomis gii-ndaman
Shiimeyan miiniwaa kwewag
Niijkiiwen niibiishaaboo wii-minkwewaad
Wii-dbaajimotwaad nji iw
Wii-gchi-piitendamowaad
wii-naanaagidendamowaad Nibi.

Early next morning,
Nokomis called her
sister and kwewok
niichiis over for tea
to talk about their
responsibility to
protect Nibi.

E-ni-niiwo-giizhigak, Nokomis miiniwaa Eshkakimi-kwe Nibi e-mosaadamojig, gaa-zhi-kendmindwaa, gii-mkaawdiziwag naaniibiwewaad shaweying miikanaang… biiskaamowaad luklaashooyin. Nokomis gii-moonaad miskwaabig-kikoong mooshkinebiid Nibi bezhig ninjiining miiniwaa Migizi Kiwewin aashtoo-bezhig ninjiing.

Four days later, Nokomis and the Mother Earth Water Walkers, as they came to be known, found themselves standing on the side of the road…wearing sneakers. Nokomis carried a copper pail full of Nibi in one hand and a Migizi Staff in the other.

Giish pin gwaya waabndazig Nibi, gnomaa
daa-nsadoonaanaawaan Nibi Emosaadimojig.
Gnomaa gwaya daa-kwediwe
Aaniish enji moodoowaad nibi zhiw sa
Miskwaa-big kikoong. Gnomaa bemaadizijig
da gishkogonaawaa wii-kowaabndamoowaad
Nibi gewiiniwaa.

If no one noticed Nibi, maybe they would
notice the Water Walkers. Maybe someone
would ask why they carried Nibi in their
copper pail. Maybe someone would be moved
to protect Nibi too.

Anishinaabewi – gichigami

2003

Nokomis miiniwaa Eshkakimi-kwe
Nibi E-mosaawdimowaad
Giiw-taashkaadaanaawaan
kina Gchi-gamiin miiniwaa
Go wi St Lawrence Ziibi.
Gii-mosewag ensa minookimig
eko-niizhwaaswi biboon minik.

Nokomis and the
Mother Earth Water
Walkers walked around
all the Great Lakes and
the St. Lawrence River.
They walked every
spring for seven years.

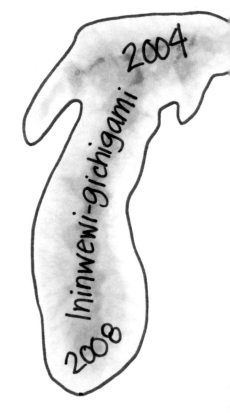

2004

Ininwewi-gichigami

2008

Gii-anamaawag miiniwaa gii-ngamotoowaawaan Nibi.
Gii-nganaawaan semaan ensa-bebezhig
zaagiganing, ziibiing, ziibiinsing, miiniwaa
waakaa-biising gaa-ni-nkweshkamowaad.

They prayed and sang to Nibi.
They left semaa in every lake, river,
stream, and puddle they met.

They got up before the birds
and went to bed when
Nokomis Giizis rose.

Ziibi-gichigami
2009

Naadowewi-gichigami
2005

Niigaani-gichigami
2006

Waabishkiigoo-gichigami
2007

Gii-bzagwiiwag jibwaa
gishkoziwaad bineshiinyag
Miiniwaa gii-oo-nibaawag pii
Nokomis Giizis bizaagiiyed.

Nokomis gii-ke-kwejimigaazo waasmo-mzinaatesijiganing, debaajimo-Mzinaganing, miiniwaa npoweshinang waasomo-makoonsing. Gewii dash go gii-mzinaatese enji-mzinaatesijigeng. Booj dash go gonda gchi-nokii-gamigoon, e-gchi-ogimaawijig, miiniwaa go endaajig shwayeying endaat, gaawiin gegoo gii-zhi-mooshtoosiinaawaa maanda sa e-zhi-niizaanag wii-kowaabndamong Nibi.

Nokomis was interviewed on television,
in newspapers, and on radio. She was even
in movies. But big companies, politicians,
and even her next door neighbors, still did not
feel the urgency to protect Nibi.

"Wegnesh geyaabi ge-zhi-chigeyaamba?"
gii-giiwninendam Nokomis.

"What more can I do?"
wondered Nokomis.

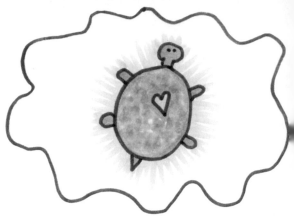

A year later, over by the Atlantic Ocean, a niichii-kwe had a bawaajgan, which she shared with Nokomis as soon as she woke up.

Gaa-ni-ngo-biboongak, oodi Atlantic Gchi-gamiing, niichii-kwe Gii-bwaajige gii-wiindamowaan Nokomisan pii gaa-gishkozinid.

Nokomis shared the bawaajgan with all the people she had met during her previous walks. Word spread fast across Turtle Island. Everyone began to prepare.

Nokomis gii-dibaajimotwaan aw bwaajigewin kina bemaadizijig gaa-nkweshkwaajin E-piiji-mosed gwegwendig go gaa-nkweshkwaajin. Dibaajimowin gii-nsaweshkaamigad zhiwe Mshiikenh-Minising. Kina goya gii-maajii-zhiitaa.

Mii dash miiniwaa gaani-kendimaan, kwewag
gii-naaniibwitaadiwag oodi ziitaagini-Nibiing
gaa-taaying aw Mshiiken-minis, Miskwaa-big
kikoong ninjiing miiniwaa
Aw Migizi Kiwewin aw bezhig…

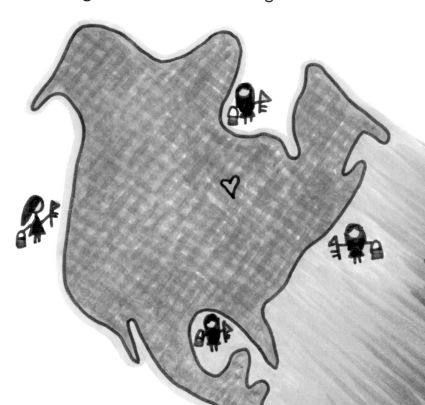

Biiskaamowaad luklaashooyin.

Next thing you know, there were kwewok standing
at each salt Nibi surrounding Turtle Island, with a
copper pail in one hand and a Migizi Staff in the other…
wearing sneakers.

Oodi epingishmak, Nokomis miiniwaa
E-shkakimi-kwe Nibi E-mosaadamojig
Gii-ni-maajaawag nji zhiw Pacific Gchi-gami kidowaad
"Nga-zhichige Nibi onji. I will do it for water."

Ngo-biboongak
gaa-shkwaa
nchinaachigewin
mide gii-ziigwepse,
Nokomis miiniwaa
Nibi E-mosaadamojig
gii-ni nji maajtaawag
oodi Gulf Mexico
ngamotoowaawaad
Nibiin miiniwaa
gii-namowag nji
Wii-noojimotoowaad
Nibi.

In the west, Nokomis and the Mother Earth
Water Walkers set off from the Pacific Ocean
saying, "Nga-zhichige Nibi onji.
I will do it for the water."

"Nibi, gzaagi'igoo
Gi-miigwechiwenimigoo
Giminaadendimigoo."

One year after a
devastating oil spill,
Nokomis and the Water
Walkers set off from the
Gulf of Mexico singing
to Nibi and praying
for healing for Nibi.

Gulfport

"Water, we love you.
We thank you.
We respect you."

Mii-dash miiniwaa, Nokomis miiniwaa Nibi
E-mosaadamojig Gii-maajaawag oodi Waabanong
Atlantic Gchi-gamiing. Pii e-ni maajaawaad,
gii-ni mtaagozidesewag oodi aashbikoong
miiniwaa genaajiwejig mzinchiganaag aazhibikoong
miiniwaa gii-ngamtowaawaan Nibiin.

Next, Nokomis and the Water Walkers set
off from the Atlantic Ocean in the east.
At the sendoff, they walked barefoot
on the rocks and the beautiful petroglyphs
and sang to Nibi.

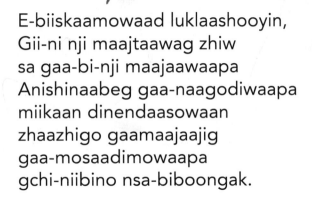

Machias

E-biiskaamowaad luklaashooyin,
Gii-ni nji maajtaawag zhiw
sa gaa-bi-nji maajaawaapa
Anishinaabeg gaa-naagodiwaapa
miikaan dinendaasowaan
zhaazhigo gaamaajaajig
gaa-mosaadimowaapa
gchi-niibino nsa-biboongak.

Oodi Giiwedinong enji Ksinaak, mkom gii-paagizi minik naanan zid Gii-piiji pagagizi. Nokomis miiniwaa Nibi E-mosaadamojig gii-saawaan semaan giji mkomiing ngamotoowaad Nibiin miigwechiwewaawaad, minaadendimoowaad miiniwaa zaagaawaad.

Arctic ocean

Churchill

Lake Superior

Putting on their sneakers, they started out on the migration trail their ancestors traveled hundreds of years before. In the frigid north, the ice was five feet thick. Nokomis and the Mother Earth Water Walkers put semaa on the frozen Nibi, singing their thanks, respect, and love.

Ziitaagini nibi ziibiingwaan moshkinebiiwaad
E-shkikime-kwe Nibi E-mosaadamojig
shkiinzhingowaan, iw sa niiwin ziitaagini Nibi
Gii-nkweshkamowaad Gchi-gami Superior.

Saltwater tears filled the Mother Earth
Water Walkers' eyes, as the four salt Nibi
met Lake Superior.

"Ngoding giizhigak nindan niiwin ziitaagini-Nibi da ni aanji-ndaadiziimgadoon dibishkoo aankwadoon miiniwaa da ni giiwe'aasinoon," gii-kida Nokomis.

"One day the four salt Nibi will be reborn as clouds and be carried home on the wind," said Nokomis.

Nokomis gi-nokiitoonan nswi gidigoon
Miiniwaa mdaaswi-shi-bezhig
luklaashooyin Mosaadang Nibi.

Gii-debinaanan shki-gidigoon
miiniwaa e-yaa endaat nwebid,
daapinang piiwin wii-naabid
waasmooning ndoo-waabndaanan
shki-luklaashooyin.

Nokomis went through three knees
and eleven pairs of sneakers
walking for Nibi.

She got her knees replaced and is
at home resting up, taking the time
to surf online for new sneakers.

Ensa kizheb da saan semaan nji Nibi
miiniwaa ngamotoowaad nibiin
miiniwaa go miigwechiweyaad.

Anametwaan bemaadizinjin
wii-gishkoziwaad miiniwaa
wii-nsodawaabndamowaad
Iw bwaa teg Nibi gaawiin
gegoo bi-maadiziwin....
Miiniwaa geyaabi ni
gwiininendam…

Every morning she puts down her
semaa for Nibi and sings her gratitude.
She prays people wake up and realize
that without Nibi there is no life….
And she continues to wonder…

"Wegensh gegii waa-zhi-chigeyan iwi sa nji?"

"What are you going to do about it?"

Ojibwe kidwenan miiniwaa aanii ge-zhi-kidigiba

Ojibwe words and their pronunciations

gichi miigwech *(gih-chih mee-gwetch)* - thank you very much

kwe *(quay)* - woman

kwewok *(quay-wuk)* - women

nokomis *(no-kuh-miss)* - grandmother

bawaajgan *(buh-wawj-gun)* - dream

niichii *(knee-chee)* - friend

z z z z

jiimaan *(jee-mawn)* - canoe, boat

 **migizi** *(mih-gih-zee)* -
bald eagle

Nokomis Giizis
(no-kuh-miss ghee-ziss) -
moon

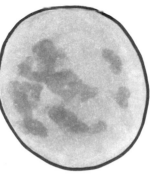

ogimaa *(oh-gih-maw)* - leader, chief

semaa *(say-maw)* -
sacred tobacco

Turtle Island - North America

Nibi *(nih-bih)* -
water

Nokomis Josephine-ba Mandamin gii-binjibaa Wiikwemkoong odi Manidoo Minising miiniwaa-gii-daa odi Nimkii Wiikwedoong, Ontario monpii Canada. Nokomis gii-ni-zhaa Waakwiing nongo gii-makwa-giizogak, e-niizhtana-shi-niizh nsogonagizid, 2019. Niibina nenaasab tikokiiwinan kii-nigadimaagonaanin waa-ni-naagidooying.

Epiichi gimiwang giizhigak Namebine-Giizis 2003, Nokomis miiniwaa gashiwan Eshkakime-kwe Nibi Emosaawdamojig gii-ni zhiitaawag wii-ni-maajaawaad shkintam wii-mosewaad nji sa iwi nibi. Nokomis gii-gaanzimigoon wii-zhichiged awi nji gaa-zhi-waabndimewaad Midewiwin odi aw Gchi-Ogimaa Eddie Benton–Banai gaa-zhi-maandookiid, gii-wiindimaaged awi nibi wii-niniizaanag miiniwaa ji-ni-gchi-naangdeg giishpin giiniwe jibwaa bskaabaamdamong ezhi-debinaag weweni zhichigesoong.

Nokomis gii-mosaadan kina gegoo ezhiwebak kojiing, eni-namok miikanan, miikaansan, miiniwaa eni-zhi-kidaakiiyemok aazhibikoon. Gaawii go gegoo gaa-piichi-wiisgitood maage gaa-piichi-yekozid, gii-ni-aabji-mose miiniwaa gii-ni-nigamtaan nibi. Gii-zhichiged maanda kii-kinoomaagonaa "eni-zhijiwong" dibishkoo ziibi, zaam e-noojimoomgak nibi wenpash maajiibide.

Nokomis gii-mosaadaan kina ebmaadizimgak akiing…mitigook, bineshiinyag, minidoonsag, e-zaagkiimgak, ezhi-ngodoodenaawziiyek, miiniwaa kina gdi-ooshenyag miiniwaa geyaabi da-ooshenwaan waa-bi-yaajig geyaabi.

Nokomis Josephine-ba Mandamin aapiji gchi-piitendaagozi naasaab go nibi! Epiichi moosed njike 2015, gii-toon gegaa 4,500,000 zid-tikokiiwinan nokaazad luklaashooyin! Pii miiniwaa zhaayan odi oodetoo-daawe-gamigoong maage paa-mosaanad gday, gindan gdoo-tikokiiwinan. Gii-pagidendam niibino aname-giizhigadoon naangodinong gegoo giizoog ngoji bkaan endaad ensa ngo-biboon wii-anamaad miiniwaa wii-ngamtoowaad nibiin. Gii-bigosendam aanind giiniwaa e-gindameg maanda mizinigan ji-gishkomgoyig wii-naadimowaad wii-naanaagide'endang iwi nibi.

Geyaabi ooshme gdaa-kendaan maaba gaa-mosaadang odi www.motherearthwaterwalk.com.

Giishpin gegoo wii-wiindimoowad ndoo-ngodweyaangizowin maanda giin eshchigeyin ji-naanaagidowendiman Nibi, gdaa-maajiibiige odi:

The Mandamins
628 Harold Street North
Thunder Bay, Ontario
Canada
P7C 4E3

Nokomis Josephine-ba Mandamin's home community was Wiikwemkoong on Manitoulin Island, but she lived most of her life in Thunder Bay, Ontario, Canada. Nokomis left for the Spirit World on February 22, 2019. She left us many footsteps to follow in.

In April 2003, Nokomis and the Mother Earth Water Walkers began their first walk for water. Nokomis was inspired to act by the prophecy Midewiwin Grand Chief Eddie Benton-Banai shared, warning that water would become scarce and expensive if we didn't reverse our negligence.

Nokomis walked in all kinds of weather, down highways, along paths, and up mountains. No matter how sore or tired, she continued to walk and sing to the water. By doing this she taught us to "go with the flow" like a river, because healthy water moves freely.

Nokomis walked for all life on Earth...trees, birds, plants, insects, animals, your family, and all of your grandchildren's grandchildren yet to come.

Nokomis Josephine-ba Mandamin was as precious as the water! On her 2015 walk alone, she put almost 4,500,000 footsteps on her sneakers! She sacrificed weeks, sometimes months, away from her home every year to pray and sing for the water. She hoped that some of you reading this book would continue her work by protecting Nibi.

You can learn more about her walks at www.motherearthwaterwalk.com.

If you want to share with her family what you are doing to protect Nibi, you may mail a letter to:

The Mandamins
628 Harold Street North
Thunder Bay, Ontario
Canada
P7C 4E3

Josephine (left) with Joanne Robertson

Maanda e-aankinoochigaadeg

Maanda Nibi Emosaawdang gii-aankinoojibiigaade Anishinaabemong maaba Shirley Williams—gewii yaawid nibi ebimosaadang—miiniwaa Isadore Toulouse, ezhi-niizhwaad gewii nji-baawag Josephine-ba Mandamin gaa-bi-nji-ngo-dweyaangizid Wiikwemkoong Unceeded Ntam Anishinaabeg odi Manidoo-Minising Ontario. Maanda Anishinaabe-aankinootaagewin gewii gchi-piitenjigaade ediming nji-sa maaba Shirley miiniwaa Nokomis gii-zhinaashkaagaazoog naasab Anishinaabe-binoojiiyag gaa-nji-kinoomoondowaa, zhiwe gaa-nji-bgidnisowindwaa ji-anishinaabemowaad. Aabji-go gii-gchi-nendimoog maanda nendimoowin-zhichigan nji-sa maanda mzinigan nongo ji-Anishinaabebiigaadeg.

About The Translation

The Water Walker was translated into Anishinaabemowin by Shirley Williams—a fellow water walker—and Isadore Toulouse, both of whom are from Josephine-ba Mandamin's home community of Wiikwemkoong Unceded First Nation on Manitoulin Island in Ontario. The translation also draws special meaning from the fact that Shirley and Nokomis were sent to the same residential school, where they were forbidden to speak their language. They took great joy in the idea that this book would now be shared in Anishinaabemowin.

Joanne Robertson awawi Anishinaabe-kwe miiniwaa dibendaagozi Atikamekesheng Anishinaabek. Gii-debinan zhichiganan/mzinbiigewi gchi-gishkiweziwin mzinagan binjibideg Algoma Gchi-kinoomaage-gamigoong, miiniwaa Shingwauk Kinoomaage-Gamigoong. Joanne aawi gii-maajiishkaatoon dibendaagoziwin "Gaawiin gegoo biindesinog Ntaas nji-sa Nibi" wii-biidood naanaagidendamowin nibi minikwewin ezhi-niisaanog Anishinaabe-akiin mzowe mompii Canada. Gii-zhitoon mzinaatesijigewin nji nibi niisanag eshnikaadeg "Waasechiganaa-big zhichigan". Nongo aabji-aasgaabwitaanan nindan Nibi Emosaachigaadegin zhiw bemaadiziimgak GPS kinwaachigan weweni go nibi ji waakiiyendaagok. Joanne daa besha Baawtiing, Ontario.

Joanne Robertson is AnishinaabeKwe and a member of Atikamekesheng Anishnawbek. She received her Fine Arts degree from Algoma University and Shingwauk Kinoomaage Gamig. Joanne is the founder of the Empty Glass for Water campaign to bring attention to the drinking water crisis in Indigenous communities across Canada. She produced a film about the water crisis called "Glass Action". Today she continues to support the water walks through live GPS spotting to make sure the water is safe. Joanne lives near Sault Ste. Marie, Ontario.

Nibi, Biidaasige-ba, Bawdwaywidun-ba,
The Water Walkers, H.B.
—J.R.

Library and Archives Canada Cataloguing in Publication

Title: Nibi emosaawdang / gaa-zhi-biiyaangmiiniwaa gaa-mzinbiiyaang Joanne Robertson ; gaa-aankinootimaagejig Shirley Williams, Isadore Toulouse = The Water Walker / written and illustrated by: Joanne Robertson ; translated by: Shirley Williams, Isadore Toulouse.
Other titles: Water Walker
Names: Robertson, Joanne, 1960- author, illustrator. | Williams, Shirley Pheasant, 1938- translator. | Toulouse, Isadore, translator. | Container of (work): Robertson, Joanne, 1960- Water Walker. | Container of (expression): Robertson, Joanne, 1960- Water Walker. Ojibwa.
Description: Text in Anishinaabemowin translation and original English.
Identifiers: Canadiana 20190088532 | ISBN 9781772601008 (softcover)
Subjects: LCSH: Traditional ecological knowledge—Great Lakes Region (North America)—Juvenile literature. | LCSH: Human ecology—Great Lakes Region (North America)—Juvenile literature. | LCSH: Water conservation—Great Lakes Region (North America)—Juvenile literature. | LCSH: Environmental protection—Great Lakes Region (North America)—Juvenile literature. | LCSH: Ojibwa Indians—Science—Canada—Juvenile literature.
Classification: LCC 2019 | LCC E78.G7 R6316 2019 | DDC j304.209713—dc23

Sixth printing 2022

Printed and bound in China

Second Story Press gratefully acknowledges the support of the Ontario Arts Council and the Canada Council for the Arts for our publishing program. We acknowledge the financial support of the Government of Canada through the Canada Book Fund.

ONTARIO ARTS COUNCIL
CONSEIL DES ARTS DE L'ONTARIO
an Ontario government agency
un organisme du gouvernement de l'Ontario

Canada Council   Conseil des arts
for the Arts   du Canada

Funded by the   Financé par le
Government   gouvernement   **Canadä**
of Canada   du Canada

Published by
Second Story Press
20 Maud Street, Suite 401
Toronto, Ontario, Canada
M5V 2M5
www.secondstorypress.ca